Inhalt

Weimar lässt grüßen - wird Griechenland kaputt gespart?

Kernthesen

Beitrag

Fallbeispiele

Weiterführende Literatur

Impressum

Weimar lässt grüßen - wird Griechenland kaputt gespart?

Robert Reuter

Kernthesen

- Griechenlands Wirtschaft ist in einem katastrophalen Zustand, trotzdem wird das Land von der Europäischen Union, IWF und Weltbank zum Sparen gezwungen.
- Volkswirte erinnern an die Verhältnisse am Ende der Weimarer Republik. Bis 1932 wurde von Reichskanzler Heinrich Brüning in die Rezession hinein eine strenge Sparpolitik betrieben - die die marode Konjunktur endgültig abwürgte.
- Griechenland dürfe jetzt nicht sparen, sondern müsse Investitionshilfen erhalten, so die Volkswirte. Das Sparprogramm sei

mithin kontraproduktiv und nicht geeignet, einen Weg aus der Krise zu weisen.

Beitrag

Griechenland schachert

Die Auszahlung der nächsten Tranche aus dem Griechenland-Hilfspaket ist von einem großen Hickhack begleitet. Zahlungstermin wäre der 20. März, an dem Griechenland knapp 15 Milliarden Euro aus alten Staatsanleihen bedienen muss - sonst wäre das Land zahlungsunfähig. Das Geld wäre da, denn von dem 110 Milliarden Euro starken Hilfspaket sind erst 73 Milliarden tatsächlich als Kredite von der EU und vom Internationalen Währungsfonds (IWF) nach Griechenland geflossen.

Dass um die Auszahlung so lange gestritten wird, liegt an den Sparauflagen, denen Griechenland nur schleppend nachkommt. Die EU, der IWF und Weltbank sehen ihre Bedingungen für die Auszahlung als nicht erfüllt. Die griechischen Politiker ihrerseits wollen die neuen Kredite zu möglichst guten Konditionen abgreifen, da sie mit einem Bein im Wahlkampf stehen. Ungläubig muss die europäische Öffentlichkeit feststellen, dass es der griechischen Politik selbst in dieser Situation nicht zuerst um das Gemeinwesen, sondern um den eigenen Machterhalt geht. Die Verschleppungstaktik der Griechen hat die Geduld der Europäischen Union allerdings augenscheinlich überstrapaziert. Sogar der Chef der Euro-Gruppe, Jean-Claude Juncker, sagte kürzlich, dass die Geduld der Union mit den Griechen langsam zu Ende gehe. Juncker drohte sogar damit, Griechenland bei weiter fehlender Kooperation Pleite gehen zu lassen. (1), (2)

Deutsche machen Druck

Auch aus Deutschland werden in den letzten Tagen Stimmen laut, die darauf schließen lassen, dass man sich von den trickreichen Hellenen nicht länger auf der Nase herumtanzen lassen will. Bundesfinanzminister Wolfgang Schäuble verlangt angesichts der Schuldenkrise einen Bewusstseinswandel in der griechischen Gesellschaft. Es fehle in der griechischen Gesellschaft aber an der Einsicht, dass fundamentale Veränderungen nötig seien. Deutschland wolle sich nicht weiter mit griechischen Versprechungen zufriedengeben, sondern verlange echte Fortschritte bei der Haushaltskonsolidierung und beim Sparen. Schäubles klare Ansagen haben dazu geführt, dass die Grafiker der griechischen Presse erneut mit Hakenkreuzen und SS-Emblemen aufwarteten - die sie der Kanzlerin gleich mitanhefteten. Noch deutlicher wurde Außenminister Guido Westerwelle, der weitere Vorleistungen an Griechenland ablehnte. (3)

Gegenstimmen: Droht ein neues Weimar?

In die allgemeine Kritik an Griechenlands Politiker-Kaste mischen sich in den letzten Tagen aber auch Stimmen, die Hellas als das Opfer einer verfehlten EU-Politik sehen. Es bestehe die Gefahr, dass das Land ebenso kaputt gespart werde wie Deutschland in der Endzeit der Weimarer Republik. Zudem wird darauf hingewiesen, dass Griechenland - entgegen dem allgemeinen Tenor der Berichterstattung - vorgegebene Sparmaßnahmen konsequent durchgeführt habe. So seien die Staatsausgaben (ohne Zinsen) vom Jahr 2009 bis zum Jahr 2011 um 17 Prozent gesunken, die Ausgaben für Staatsbedienstete sogar um ein Fünftel. Gleichzeitig sei der Standardsatz der Mehrwertsteuer deutlich von 19 auf 23 Prozent erhöht worden, während die Steuern auf Lebensmittel von neun auf 13 Prozent gestiegen seien. Im Februar 2011 habe der Internationale Währungsfonds (IWF) die bisherigen Leistungen der Griechen denn auch als sehr eindrucksvoll bewertet. Zudem habe Griechenland das Rentensystem umfassend reformiert, den Arbeitsmarkt liberalisiert, den Transportsektor dereguliert, Barrieren für Unternehmensgründungen reduziert und ein Gesetz zur Beschleunigung großer Investitionsprojekte erlassen.

Das gewaltige Staatsdefizit der Griechen sei darum nicht auf eine laxe Steuerpolitik oder auf fehlenden Spar- und Reformwillen zurückzuführen, sondern darauf, dass die Konjunktur am Boden liege. Der für die Jahre 2010 bis 2012 erwartete Wirtschaftsrückgang um 5,5 Prozent wurde mit einem Minus von zwölf Prozent noch deutlich übertroffen. Gemeinsam mit den von der EU auferlegten Sparmaßnahmen gerate das Land nun in eine ähnliche Lage wie die Weimarer Republik am Vorabend der NS-Machtergreifung. Der letzte regulär gewählte Reichskanzler, Heinrich Brüning, hatte in die Rezession hinein einen strengen Sparkurs verordnet, der die deutsche Wirtschaft endgültig strangulierte. Dieser Fehler wird heute eigentlich nicht mehr gemacht: Im Umgang mit der Finanzkrise war überall ein antizyklisches Vorgehen zu beobachten. Die USA legten riesige Konjunkturprogramme auf, ebenso die großen europäischen Volkswirtschaften. Griechenland hingegen wird mitten in der Depression zum Sparen gezwungen. So liegen die Investitionen heute um 50 Prozent niedriger als vor der Krise. Der

"Wirtschaftsweise" Peter Bofinger kritisiert, dass Griechenlands Sparkurs die Nachfrage weiter schwächen werde, zum Schaden der öffentlichen Finanzen und der Wettbewerbsfähigkeit.

Besser sei es darum, einen Strategiewechsel vorzunehmen, statt "jahrzehntelang die Kosten für eine Politik im Stile Brünings zu tragen". Auch andere Volkswirte sprechen mittlerweile davon, dass das Spardiktat einem wirtschaftlichen Selbstmord gleichkäme. Nötig sei jetzt ein neuer Marshallplan, um so die Investitionstätigkeit in Griechenland anzukurbeln. (4)

Nicht der Euro ist schuld

Interessant ist in diesem Kontext eine kürzlich geäußerte konträre Ansicht zur Rolle des Euro für die Verschuldung der europäischen Staatshaushalte. So gilt es eigentlich als Common Sense, dass die einheitlichen Zinsen gerade wirtschaftsschwache Länder dazu verleitet hätten, die Nettoverschuldung in die Höhe zu treiben. Ein weiterer Baustein für die defizitäre Haushaltspolitik nicht nur an der europäischen Peripherie sei die Überzeugung gewesen, im Notfall immer wieder mit EU-Geldern - also insbesondere deutschem Geld - gerettet zu werden. Einem Artikel des Manager Magazins zufolge trifft dies aber ebenfalls nicht zu. Tatsächlich hätten nur wenige Mitgliedstaaten seit Beginn der Währungsunion eine rücksichtslos freigiebige Finanzpolitik betrieben. So könne der Vorwurf bei einem genauen Blick auf die Zahlen zwar Griechenland und Portugal, nicht aber den anderen Wackelkandidaten Italien, Irland und Spanien gemacht werden. (5)

Trends

Kampf gegen ökonomische Ungleichgewichte

In den kommenden Wochen werden die Parlamente von 25 EU-Staaten darüber befinden, ob der von den Regierungen beschlossene Fiskalpakt Rechtswirklichkeit wird - und damit auch eine Schuldenbremse nach deutschen Vorbild. Nicht mit im Boot sind die Briten und Tschechien. Der Fiskalpakt soll die Länder zu mehr Haushaltsdisziplin verpflichten. Zugleich geht der Trend in der europäischen Wirtschaftspolitik aber auch dahin, ein anderes Grundproblem der EU, die wirtschaftlichen Ungleichgewichte, irgendwann zu überwinden. Hierzu hat der EU-Währungskommissar Olli Rehn den so genannten "Alert Mechanism Report" vorgestellt, ein Alarmsystem zur Überwachung makroökonomischer Ungleichgewichte. Damit reagiert die EU auf die Annahme, dass nicht nur unterschiedliche Haushaltsdisziplinen, sondern insbesondere die unterschiedliche Stärke der Volkswirtschaften ein wichtiger Grund für die aktuellen Haushaltskrisen darstellt. (8)

Fallbeispiele

Zocken mit Griechenlandanleihen

Obwohl es bei den meisten Beobachtern Kopfschütteln auslöst, wird an den Finanzmärkten immer noch kräftig mit Griechenlandanleihen spekuliert. Was wie monetäres Harakiri aussieht, hat in Wahrheit Methode. Die Anleger spekulieren darauf, dass die privaten Gläubiger Griechenlands - Banken, Versicherungen, Fonds - die Zusage zum Schuldenschnitt wieder zurücknehmen. Dann würden die Unternehmen doch 100 Prozent des Anleihewertes zurückerhalten, was die Rendite im besten Falle auf den Rekordwert von 260 Prozent in 39 Tagen bringen würde. (6)

Portugal kommt voran

Aus dem zweiten Pleiteland Europas, Portugal, kommen derzeit gute Nachrichten. Beim größten Energieunternehmen des Landes sind die Chinesen eingestiegen, bei einem anderen Energieversorger China und Oman. Das Defizit im Staatshaushalt fiel zuletzt deutlich kleiner aus als erwartet. (7)

Weiterführende Literatur

(1) EU lässt Griechen nicht pleite gehen
aus DW.WORLD.DE vom 10.02.2012 12:56:00

(2) Wachsende Zweifel am Erfolg eines neuen Hilfspakets für Athen
aus Frankfurter Allgemeine Zeitung, 16.02.2012, Nr. 40, S. 1

(3) Deutsche erhöhen Druck auf Griechenland
aus manager-magazin.de vom 12.02.2012

(4) Tödliche Therapie
aus Süddeutsche Zeitung, 15.02.2012, Ausgabe Deutschland, S. 2

(5) Unsere fatale Fixierung auf Griechenland
aus manager-magazin.de vom 13.02.2012

(6) Wahnsinns-Zeiten Griechenland-Anleihen Hellas

versinkt im Chaos, Privatanleger zocken wie Hedgefonds -und in Portugal bahnt sich die nächste Pleite an
aus Euro am Sonntag, 11.02.2012, Nr. 6, S. 16 - 17

(7) Anders als die Griechen
aus DIE ZEIT, 16.02.2012 Nr. 08 Seite 023

(8) Die Euro-Länder prassen ohne jedes Limit
aus Handelsblatt online vom 15.02.2012

Impressum

Weimar lässt grüßen - wird Griechenland kaputt gespart?

Bibliografische Information der deutschen Nationalbibliothek

Die Deutsche Nationalbibliothek verzeichnet diese Publikation in der deutschen Nationalbibliografie; detaillierte bibliografische Daten sind im Internet über http://dnb.d-nb.de abrufbar.

ISBN: 978-3-7379-1686-8

© 2015 GBI-Genios Deutsche Wirtschaftsdatenbank GmbH, Freischützstraße 96, 81927 München, www.genios.de

Alle Rechte vorbehalten. Dieses Werk ist einschließlich aller seiner Teile – z.B. Texte, Tabellen und Grafiken - urheberrechtlich geschützt. Jede Verwertung außerhalb der Grenzen des Urheberrechtsgesetzes bedarf der vorherigen Zustimmung des Verlags. Dies gilt insbesondere auch für auszugsweise Nachdrucke, fotomechanische Vervielfältigungen (Fotokopie/Mikroskopie), Übersetzungen, Auswertungen durch Datenbanken oder ähnliche Einrichtungen und die Einspeicherung und Verarbeitung in elektronischen Systemen.